NOT READY TO GO

EL ABEDUL

selected poems
poemas seleccionados

ISBN-13: 978-1695397651
ISBN-10: 1695397657

NOT READY TO GO

EL ABEDUL

selected poems
poemas seleccionados

LUZ MARINA VILLEDA

For the birch tree which inspired me.

Para el abedul que me inspiró.

Acknowledgements

I thank the *Pleasures of Poetry* class conducted by late teacher and poet Melody Gough in 2013. Melody will live forever in the poems of her students.

The *Writeriffic* and *A Guide to Descriptive Settings* courses taught by author and teacher Eva Shaw. I thank Eva for the writing prompts and wonderful feedback.

The Thomas More University Community of Creative Writer's Retreats and the talented women in Poet Laureate Pauletta Hansel's creative writing classes and workshops. Thank you for their feedback and inspiration.

Poet Laureate Manuel Iris for his book *Traducir el Silencio - Translating Silence*, which has been influential in my own poetry.

The class *Prosa Poética* conducted by the Spanish teacher and poet Begoña Callejón.

Teacher and poet Valerie Chronis Bickett and all the wonderful women in *Our Lives With Words*. Thank you for their feedback and encouragement.

My friend Susana Atarama, for the inspiration to write the poem *I am here.*

My husband, my two sons, and all the people in my life who have inspired me to write.

To music and nature, and to the seasons that have inspired poets through centuries. Thank you for existing.

Agradecimientos

Le agradezco a la clase *Pleasures of Poetry* de quien en vida fuera la poeta Melody Gough. Melody vivirá para siempre en los poemas de sus estudiantes.

A los cursos *Writeriffic* and *A Guide to Descriptive Settings* de la autora y profesora Eva Shaw. Le agradezco a Eva por todas sus sugerencias y comentarios.

A los retiros de la comunidad de escritores de Thomas More University y las talentosas mujeres de las clases y talleres de la poeta laureada Pauletta Hansel. Gracias por sus comentarios e inspiración.

Al poeta laureado Manuel Iris por su libro *Traducir el Silencio – Translating Silence*, que ha influenciado los temas de mis poemas.

A la clase *Prosa Poética* de la profesora y poeta Begoña Callejón.

A la profesora y poeta Valerie Chronis Bickett y todas las mujeres maravillosas del grupo *Our Lives With Words*. Gracias por sus comentarios y apoyo.

A mi amiga Susana Atarama, gracias por la inspiración para escribir el poema *Ya llegué*.

A mi esposo, mis dos hijos, y toda la gente en mi vida que me han inspirado a escribir.

A la música y la naturaleza que han sabido inspirar a los poetas a través de los siglos. Gracias por existir.

Introduction

We ARE ready to go.

We will travel through the world of poetry. It shall be an exciting journey. We will discover creative ways to communicate and exchange ideas. We will have fun creating our own compositions.

Every word, every thought, every feeling and expression in this book will stir our curiosity. As we penetrate in the universe of a new language, the gates to a new world will open before us.

Let us travel, then.

The Author

Introducción

Estamos listos para irnos.

Viajaremos a través del mundo de la poesía. Será un viaje emocionante. Intercambiaremos ideas y sentimientos descubriendo formas creativas para comunicarnos. Nos divertiremos creando nuestras propias composiciones.

Cada palabra, cada pensamiento y cada expresión en este libro nos despertará la curiosidad. El penetrar en el universo de un nuevo idioma nos abrirá las puertas a un mundo nuevo.

Viajemos, entonces.

La Autora

Table of Contents – Contenido

Song of birds

A song of birds that stirred the sun and moon,
a sea of sunrise through my eyes of black,
I see the moon—the bride, the sun—the groom,
in love with birds that flew nearby in flocks.
To show the beauty of the earth today
a message birds declare of love and worth,
they came to build their nests, provided prey,
they fed their young on wild berries and moths.
In rhythm birds are kept all right in flight,
their power's seen above the ocean deep
with skinny beaks and feathers fly with might,
the moon and sun their health protect and keep.
With eyes to see and ears to hear they care
for earth and birds and people unaware.

Canción de Pájaros

Una bandada de pájaros que conmovió a la luna
y al sol, un mar de amanecer a través de mis ojos
color de carbón, veo a la novia luna y al novio sol
enamorados de las aves que cantaron su canción.

Para mostrarnos la belleza de la tierra hoy
declaran un mensaje de amor y valor, llegan
a construir sus nidos y a alimentar a sus críos, les
dan a sus chiquillos arándanos y gusanillos.

Con ritmo vuelan por el cielo enseñoreando el
océano, con picos y plumas lo surcan con poder.
Con ojos para ver y orejas para oír, la luna y el
sol resguardan la tierra y lo que hay en ella.

Glad Tangerine Sky

You make misery crumble
dazzling sunrise.

Morning absorbs the moon
behind the bramble

and where will the glory
of the red leaves go?

Barren tree branches
which hold no nests in the fall

will be filled in spring.

Cielo Mandarina

Cielo mandarina
que alegras la mañana,

haces que la miseria
se deshaga.

La luz absorbe la luna
detrás de la enramada

¿y a dónde se irá la gloria
de las hojas escarlatas?

Las ramas sin nidos
se llenarán en primavera.

Mirlos

Mirlos al unísono
¿qué idioma hablan
que levantan el vuelo
y lucen como un velo en el cielo?

Pajarillos vestidos de luto
pequeños como insectos,
ustedes representan el poder
del trabajo en conjunto.

Cuéntenme dónde moran
en invierno ¿acaso no mueren de frío?
A cada uno de ustedes admiro
y en mi balcón espero.

Cuéntenme qué comen,
¿prefieren las semillas o los granos?
Semillas de girasol les ofrezco
con tal de verlos alegres por mi pasto.

Si pudiera morar con ustedes
y gozar de completa libertad,
olvidaría el peso de mis penas
para poder mis alas elevar.

Mirlos

Mirlos in unison
what language do you speak
when you take flight
a veil in the sky?

Birds in
mourning dress
swarming like insects
tell me where you travel in winter.

I offer you sunflower seeds
so that I lift my wings
forgetting the weight
of my fear.

The Tree Never Walked Away

Today I drove past the
Goodwill store where I had
dropped the tiny shirt
that belonged to my son.
"This is a nice one," he'd said,
"you should sell it on eBay."
We'd been emptying drawers
in my children's rooms.
Spring had arrived and
summer would soon
follow.
I wasn't sure if the robins
in my yard would want their
chicks to leave their nests
so fast.
Would their young
ever look at them with the
same owe and adoration?
The tree in our front yard
became tall and strong—
robins landed
on it year after year.

El árbol nunca se marchó

Hoy pasé por la tienda
Goodwill donde regalé
la pequeña camisa
de mi hijo. —Ésta me
gustaba mucho
—me dijo—,
la deberías de vender
en eBay.
Habíamos estado
vaciando las gavetas
de ropa en su habitación.
La primavera había llegado
y pronto llegaría el
verano.
Me preguntaba si los
petirrojos en mi patio
hubieran querido que sus
pichones dejaran el nido
tan pronto.
¿Volverían
a verlos con la misma
admiración que de
pequeños?
El árbol en nuestro
patio creció grande
y fuerte.
Los petirrojos
lo habitaron año
tras año.

Torn Storybook

Remember me
with the blackbirds,
a symphony of them going
to the ground and then
into the sky—you saw
them and welcomed
their swarm.

Remember me
with the blackbirds
unaware of where they'll stop,
roaming in excitement
with the wind, the leaves,
the sun.

Remember me
with the blackbirds, souls
disguised in feathers
of dark knights.

Remind me of your face—
the remains
of a torn
storybook.

Historia Truncada

Recuérdame con
los mirlos,
una bandada aterrizando
para luego subir al cielo.

Recuérdame con
los mirlos
sin saber dónde parar,
volando emocionados
con el viento, las hojas,
el sol.

Recuérdame con
los mirlos, almas
disfrazadas de jinetes
emplumados.

Recuérdame de tu cara:
lo que queda
de una historia
truncada.

Journey

Spring blossoms fly like snowflakes with
the wind that livens up the river through
the gorge. The rain wakes the soul of an ancient
world, the spirit in all things as the natives
believed, the heart in the limestone,
the song of the waterfalls.

Children play barefoot in the streams; will
their toes get planted in the soil like the shells
of the brachiopods? Mother Mammoth
and her baby stand frozen in time: the
Ice Age is a youngster when the sea is older
than the bones of the mastodons.

Sea creatures of old, numerous and diverse,
trilobites and horseshoe crabs, I wonder what
colors you possessed. You still whisper in my ears
with the advent of the leaves, tree roots swallow
up your blood, birds peck on your lobes,
your carvings are displayed when
the mud is washed away.

A dam cannot contain the rivers of time.
The current moves in one endless journey.
Raindrops on my face, I move
along the waters.

Viaje

Retoños de primavera vuelan como copos de
nieve con el viento que agita el río a través
del cañón. La lluvia despierta el alma de un
mundo de antaño, el espíritu en todo lo que existe,
el corazón de la piedra, la canción de la cascada.

Los niños juegan descalzos en los riachuelos.
¿Se quedarán sus dedos plantados en la tierra
como las conchas de los braquiópodos?
Mamá Mamut y su bebé permanecen congelados:
la edad de hielo es joven cuando el mar es anterior
a los huesos de los mastodontes.

Viejas criaturas de mar, numerosas y diversas,
moluscos y cangrejos, me pregunto de qué colores
eran. Todavía susurran en mi oído con la llegada
de las hojas, las raíces de los árboles se tragan su
sangre, los pájaros picotean sus cámaras y sus
tallados aparecen cuando el lodo se lava.

Una presa no puede contener los ríos del tiempo.
La corriente se mueve en un viaje sin final.
Con gotas de lluvia en la cara, me muevo
por las aguas.

The Log

Maple seeds fly
down like helicopters
while a log moves along
the river's waves.
The log stops at one point
and then continues
to travel
with the current.

One maple seed blows
a song of flutes, kissing
the wildflowers on the grass.
Another seed falls
on the rocks with the
fossils engraved,
the young touching
the old.

"We let our kernels
land on the ground with
dignity," the helicopters boast
to themselves.
The log keeps quiet
moving down the river.

El Tronco

Un árbol de arce
deja caer sus semillas
como hélices
mientras que un tronco
camina sobre las olas
del río.
El tronco se detiene
a ver la escena y luego
continúa viajando
con la corriente.

Una semilla
de arce sopla
su canción de flautas
besando las flores
del campo. Otra cae
sobre las rocas
con fósiles grabados,
lo nuevo tocando
lo viejo.

—Nos dejamos
caer con dignidad
—las semillas se jactan.
El tronco se mueve
río abajo
sin decir palabra.

Rebirth

I heard the birds in my backyard
singing this morning.
I couldn't make up my mind as to what
I loved the best: the bright moon before
daybreak, the singing
of the birds, or
the viola disk playing while I backed up
my car in the driveway. I lowered my
window and admired the scene.
An invisible hand was conducting
this arrangement called spring.
Primavera.
Rebirth.
Resurrection.

I am a terrible believer
in things but I am also a
terrible nonbeliever in things. After my
time passes, will I become part of the soil?
Will I travel to a new realm full of light?

It's the end of march, when my
younger boy turns fourteen.
I have a collection of birthday
candles in the back of my silverware
drawer. I take candles
number one and four
and put them on top of a chocolate cake.
My children
were given to me for a few years.
They ceased to be mine the moment they
ceased to be afraid of the dark,
when the adult
in them woke up and child left.
Will the child ever return?

Renacimiento

Escuché a los pájaros cantar
en mi patio esta mañana.
No sabía lo que más
me gustaba, si el brillo de la luna antes
de la aurora, la música
de las aves o
el disco de viola que sonaba mientras
salía con mi carro del garaje. Bajé la
ventana para admirar la escena.
Una mano invisible conducía
este arreglo llamado primavera.
Spring.
Renacimiento.
Resurrección.

Soy terrible para creer en cosas
pero también soy terrible
para no creer en cosas. Después de
mi tiempo, ¿me convertiré en parte de la tierra?
¿viajaré a una nueva dimensión llena de luz?

Es el final de marzo, cuando
mi hijo pequeño cumple catorce años.
Tengo una colección de velas
en la parte de atrás del cajón de los
cubiertos. Saco las velas
número uno y cuatro
y las pongo encima de un pastel de chocolate.
A mis hijos
me los dieron por unos pocos años.
Dejaron de ser míos en el momento en que
perdieron el miedo a la oscuridad,
cuando el adulto
en ellos se despertó y el niño se fue.
¿Regresará el niño algún día?

Ya llegué

Entre hierba verde, marrón
y cobrizo estaba un cardo pequeño
sonriéndole a la mañana.
—Ya llegué —le dijo
a la espina en la base de su
cabeza—, ¿te gusta el color rosa?
         —Me gusta tu color y simetría —dijo la
espina—, pero si tu vida será más corta que la mía
¿por qué sonríes aún?
         —Olvidas, mi buena amiga —dijo
la flor—, que el cardo
da la semilla,
no así la espina.

I am here

Among grass the color
of moss, copper and brown
the dwarf thistle stood
smiling at the sun.
I am here, she said,
greeting the thorn at the base
of her head. Do you like pink?
      I like your color and symmetry,
the thorn said,
but your life will be shorter than mine,
so why do you smile still?
      You forget, my friend, the thistle said,
when I turn white, I give forth
the seeds that bring
new life.

A Predator's Growth

Why must you take my son? Mother
Rabbit asked when the cat came to the burrow.
     There are too many of you, the cat said.
Mother Rabbit looked at the cat in the eye:
you ruthless thief. Why won't you leave
us alone?
     I am here. Don't ask me why I've come.
Go to another burrow, why have you chosen
mine?
     I'm hungry and I've got no time.
A hawk came and grabbed the cat with his claws.
     Why did you have to pick me, the cat said,
     and why right now?
Death can come when you're about to have lunch.
     But I don't want to die! Why didn't you take
     Mother Rabbit, she is tastier than I.
Don't argue with me, feline. Death has now
come to you, said the hawk.
     A tornado came that lifted the predators
     in the air.
Why must you kill us all? The predators said.
     I'm a cancer that grows,
     said the tornado.

El Crecimiento de un Depredador

—¿Por qué te llevas a mi hijo? —preguntó
Mamá Conejo cuando el gato llegó a la madriguera.
—Hay muchos como tú —dijo el gato.
—Malvado ladrón, déjanos en paz —dijo Mamá Conejo.
—Estoy aquí. No preguntes la razón.
—Vete a otro nido, ¿por qué has escogido el mío?
—Tengo hambre —dijo el gato en el momento en
que llegó un halcón.
—¿Por qué tenías que perseguirme? —dijo el gato—
¿y por qué ahora?
—La muerte puede llegar cuando estás a punto de almorzar.
—¡Pero no quiero morir! ¿por qué no te llevas
a Mamá Conejo? Ella es más apetitosa que yo.
—No discutas conmigo, felino —dijo el halcón.
Entonces llegó un tornado y levantó a los depredadores.
—¿Por qué nos has de matar? —dijeron el gato
y el halcón.
—Soy un cáncer que crece —dijo
el tornado.

When Spring is Gone

When spring is gone
I do miss the rain,
the green grass, the singing of the birds.
I like when everything starts,
lilies in bloom,
a baby born.
Spontaneous beginnings—
birds learning to fly
tumbling away, taken by the wind.
Toddlers absorbing a garden
for the first time;
tasting leaves, soil,
rocks,
tasting leaves, soil,
for the first time;
toddlers absorbing a garden,
tumbling away, taken by the wind,
birds learning to fly.
Spontaneous beginnings—
a baby born,
lilies in bloom.
I like when everything starts,
the green grass, the singing of the birds.
I do miss the rain
when spring is gone.

Cuando se va la primavera

Cuando se va la primavera
extraño la lluvia,
la grama verde, el cantar de los pájaros.
Me gusta cuando todo nace,
los lirios en flor,
un nuevo bebé,
comienzos espontáneos—
aves aprendiendo a volar
cayéndose, dejándose llevar por el viento.
Niños absorbiendo el jardín
por vez primera,
saboreando las hojas, la tierra,
las piedras,
saboreando las hojas, la tierra,
por vez primera,
niños absorbiendo el jardín,
cayéndose, dejándose llevar por el viento,
aves aprendiendo a volar.
Comienzos espontáneos—
un nuevo bebé,
lirios en flor.
Me gusta cuando todo nace,
la grama verde, el cantar de los pájaros.
Extraño la lluvia
cuando se va la primavera.

The Ant's Sermon on the Mount

Earth will nourish
the flowers in my yard
after my time.
I'll become part of a star,
a new planet,
a creek that runs through the woods.

Today I descend to the level
of the ground and meet with a friend:
where is the rest of the army?
Why are you
all alone?

For a moment I connect
with *her* that crawls
around my toe.

Grass needles prick my
bare feet as I walk.
It is I who step
on my neighbor's rights.
Earth has room
for all.

El sermón de la hormiga

La tierra alimentará
las flores de mi pasto
después de mi temporada.
Me convertiré en una estrella,
un nuevo planeta,
un riachuelo que corre por el bosque.

Hoy desciendo al nivel del suelo
y me encuentro con una amiga:
¿dónde está el resto del nido?
¿por qué estás tú sola?

Por un momento me conecto
con la hormiga que se pasea
por el pasto.

La grama pulla mis
pies descalzos mientras camino,
pero soy yo la que pisotea
los derechos de mis vecinos.
La tierra tiene espacio
para todos.

Que no fui yo

Me pregunto lo que hiciste ayer, si
cenaste pizza o ensalada, si tu cuarto
estaba fresco, si hablaste con alguien antes
de irte a la cama — que no fui yo.
Me pregunto si esta mañana llevas la camisa
de flores rojas en fondo negro que va tan bien
con tu pelo. Me pregunto lo que haces
entre edificios y gentes, salones y pasillos.
Me pregunto si en algún momento
pasan
por tu mente tu padre, tu gato,
tu antigua cama y el cuarto vacío
donde lavo las sábanas con desagrado
y no quiero
que tu olor se borre del aire y de la silla, de tu
muñeco preferido que me
recuerda
que nunca te irás.

That wasn't me

I ask myself what you did yesterday, if
you had pizza or salad for dinner, if your room
was cool, if you talked to anybody before
going to bed — that wasn't me.
I ask myself
if this morning you were
wearing the shirt with red flowers
that goes so well
with your hair, I ask myself what you do
among buildings and peoples, classrooms
and hallways.
I ask if for a moment
your dad, your cat, your old bed,
your empty room
are passing through your mind.
I wash your sheets reluctantly
not wanting
to erase the smell from the air and chair,
your favorite stuffed animal that
reminds me that you will
never leave.

Sea of Clouds

Endless sea of cotton and
sheep's wool.
Blue, yellow, orange,
violet. Reddish, then light pink.
Silent wind.
No birds in sight,
no algae or marine life.
Sea blanket engraved with fossils,
seashells, mollusks.
              Rococo stich.
White foam,
quiet like the sunrise.

Star of my universe,
I am a bird in a cage, unhappy to be confined
to my iron bars.

Are there any fish,
mermaids or mermen?
Islands in the distance, blue hills mixed with gray.
The sea moves with me. I'm swimming,
I'm almost free!

The ocean cracks. A whale dives my opposite direction.
Another one comes behind, smaller, perhaps a calf.
The blue land gets bigger
with a beach of white sand. I see rocks.
The land turns green and brown
under my sea of clouds.

Mar de Nubes

Frazada de algodón y lana
amarilla, naranja, índigo y violeta,
rojiza y luego rosa clara.
Mar sin algas
ni vida marina,
contemplo tu alfombra tallada
de fósiles
moluscos y conchas de mar.
Soy un pajarillo confinado a mi celda.

Punto de rococó. Sigilosa espuma blanca.
¿Dónde están tus peces, sirenas, marineros?
Islas desoladas, colinas de grisáceo
azul. Me muevo con tu mar
y nado. Soy casi libre.

El agua se parte. Una ballena avanza bajo
las olas, otra viene detrás de ella,
una más pequeña.
El suelo azul se agranda con su
playa blanca. Veo rocas.
El azul se torna verde
en la tierra.

Not Ready to Go

Windless morning
yellow leaves
fading one by one

It is time, the tree claims

sunny skies
frost-covered grass
leaves falling one after
the other

slower
faster
slower again

till a few stay
lingering

El Abedul

Mañana sin viento
hojas amarillas
desvaneciéndose

La hora llegó, el abedul clama

cielo soleado
escarcha en la grama
hojas cayendo
de una en una

más lento
más rápido
más lento de nuevo

hasta que quedan
unas pocas
que no están listas

Empty Houses

It was dark when I left, daylight
arrived, but far. I was ten and, suddenly,
I knew of death, death of familiar faces
I grew up with, hibiscus flowers
along the fence, railroad tracks over the field.

Today I saw my son walking
out the door, with backpack and hood on
his figure vanished in the fog. His steps
I wished to walk with him, I wondered if
I'd see him once more. His scent remained
in the air, for empty houses talk.

Empty houses *ring*. I cannot see the wind
but I can hear it. Where did you go, my son?
The first touch of light will not find you. You're
no longer restricted under a roof. You're free
to fly away and find your way the way you
want to find it. No one will be there
to say it's not okay.

Casas Vacías

Estaba oscuro cuando me fui, el amanecer
llegó mucho después. Yo tenía diez, y de
repente, aprendí de la muerte, muerte de
la gente con la que crecí, claveles rojos,
línea del tren cuesta abajo.

Esta mañana vi a mi hijo marcharse.
Con mochila y capucha puestas
su figura se desvaneció en la niebla.
Quería caminar con él, preguntándome si
lo volvería a ver. El eco de su esencia
resonó en la ausencia.

Las casas vacías suenan. No puedo ver el
viento pero lo siento. ¿A dónde te fuiste, hijo?
La primera luz del alba no te llega. Puedes
volar, encontrar tu camino a tu manera.
Nadie estará allí que te lo impida.

Cargo dos plumas

Cargo dos plumas por si acaso no me funcione una. A veces pasa lo mismo con las ciudades, cuando una ya no nos funciona, nos vamos a la otra. Mis hijos crecieron en Cincinnati, lejos de Guatemala y de sus abuelas y primos. De vez en cuando me pregunto si tomé la decisión correcta, pero me digo que aproveché lo que la vida me ofreció y no me arrepiento de haber saboreado las oportunidades.

Mi hijo mayor se irá este año para la universidad y hemos estado preparándonos para la transición. No estará muy lejos pero ya no dormirá bajo el mismo techo, ya no lo esperaré todas las tardes con la comida lista. No le hablaré a la hora de levantarse ni lo despediré por las mañanas. Conocerá gente nueva y viajará al extranjero. Ya no dependerá enteramente de su madre ni de su padre. Esperaremos con ansias los días de feriado y los fines de semana en que venga de visita. Lo encontraremos cambiado, ya sea con el cabello más largo o con barba. Planchará sus propias camisas y organizará su vida enderezando lo arrugado y lo incierto, caminando por la acera con paso seguro y mano firme.

Mi hijo adora las corbatas y cada corbata tiene su historia: la primera que compramos, la más cara, la más barata, la más popular, la gruesa, la más delgada, la más sedosa. Las mantiene enrolladas en espiral dentro de una gaveta. Unas se irán, otras se quedarán, al igual que las camisas y los zapatos. Aunque la vida de vueltas como los planetas y los astros, los años siempre tendrán trecientos sesentaicinco o sesentaiséis días y la luna seguirá apareciendo en su tiempo estipulado. Viajaremos a fin de año a visitar a las abuelas y compartiremos juntos la cena de navidad. Celebraremos las victorias y lloraremos las pérdidas. Aunque el tiempo pase y los años nos arruguen la piel, seguiremos siendo una familia.

I carry two pens

I carry two pens in case one breaks. Sometimes this happens with cities, when one doesn't work, we move to another. My children grew up in Cincinnati, far away from their grandmothers and cousins. Once in a while, I ask myself if I did the right thing, but I tell myself that I took every advantage life had to offer and I don't regret having savored every opportunity.

My older son is going to go to college this year and we've been getting ready for the transition. He won't live far away but we won't sleep under the same roof and I won't wait for him every afternoon with the food ready. I won't talk to him when he wakes up in the morning and won't say goodbye when he goes out. He will meet new people and travel abroad. He will not depend entirely on his mom and dad. On holidays and weekends we will wait anxiously for him to come to visit. We will find him changed since his hair and beard might be longer. He will iron his own shirts straightening and pressing the wrinkles and uncertainties of life, driving self-assured along the highway.

My son loves ties and every tie has its story: the first one we bought, the most expensive, the cheapest, the most popular, the thickest, the thinnest, the softest. He keeps them rolled up in a spiral shape inside a drawer. Some of them will go, some of them will stay, like his shirts and shoes. Even though life goes around in circles like the planets and the stars, years will have the same number of days and the moon will appear during its appointed time. We will travel at the end of each year to visit both grandmas and share Christmas dinner with them. We will celebrate our victories and mourn our losses. Although time will pass and the years will wrinkle our skins, we will always be a family.

Flor Latina

Llevo el collar de jade
tallado que clama tambores mayas.
Me mojaron lluvias de cántaros de vida,
mis nubes lloran cargadas
con versos de almas pasadas.

Espero el sol de la mañana y de mi tinaja bebo
el rocío de palabras germinadas.
Mi piel la cubrieron el jarabe de cacao
y de café. Mi cabello lo tiñeron arenas volcánicas
entre besos de océanos y olas espumosas.

Soy latina. Bailo con charango
y con marimba. Tejo mantos de lana
y musgo de la montaña.
Viajo con mi pollera en balsas de totora.

Traigo puesto el güipil de la Llorona,
canto versos andinos con flautas y guitarras.
Esparzo rimas de Rubén Darío y ocasos
de Amado Nervo. Trazo pies de Gabriela Mistral.

Soy amante de cordilleras centroamericanas,
del rugido de bosques tropicales
y del eco de cuevas y cenotes.
Con un puñado de semillas
sueño con un amanecer dorado y naranja.

Y bebo de nuevo, bebo del río cristalino
que me arrulla en su caudal.
Bebo del cántaro de vida.

Soy latina.
Soy hija de la mañana.

Latin Heirloom

Wearing beads that stir Mayan drums
I wait for the morning sun,
drink from the dew of sprouted words.
My skin coated with the syrup of coco and coffee beans,
my hair dyed by volcanic sand and ocean kisses.

Heirloom that weaves
blankets of wool and mountain moss
playing music from the Andes
with guitars and flutes.
I'm a song in love with the cry of the tropical forest, the
echo of cenotes and caves.

With a handful of seeds I dream
of a golden sunset. I drink from the rain at
daybreak, from the clouds of ancient basins.
My skin coated with the syrup of coco and coffee beans,
my hair dyed by volcanic sand and ocean kisses.

Aprended, Flores en Mí

Luis de Góngora y Argote (1561-1627)
Texto original

Aprended, Flores, en mí,
lo que va de ayer a hoy,
que ayer maravilla fui
y hoy sombra mía aun no soy.

La aurora ayer me dio cuna,
la noche ataúd me dio;
sin luz muriera, si no
me la prestara la Luna:
pues de vosotras ninguna
deja de morir así.
Aprended, Flores, en mí,
lo que va de ayer a hoy,
que ayer maravilla fui
y hoy sombra mía aun no soy.

Consuelo dulce el clavel
es a la brevedad mía,
pues quien me concedió un día,
dos apenas le dio a él:
efímeras del vergel,
yo cárdena, él carmesí.
Aprended, Flores, en mí,
lo que va de ayer a hoy,
que ayer maravilla fui
y hoy sombra mía aun no soy.

Flor es el jazmín, si bella,
no de las más vividoras
pues dura pocas más horas
que rayos tiene de estrella;
si el ámbar florece, es ella,
la flor que retiene en sí.

Aprended, Flores, en mí,
lo que va de ayer a hoy,
que ayer maravilla fui
y hoy sombra mía aun no soy.

Aunque el alhelí grosero
en fragancia y en color,
más días ve que otra flor,
pues ve los de un mayo entero,
morir maravilla quiero,
y no vivir alhelí.
Aprended, Flores, en mí,
lo que va de ayer a hoy,
que ayer maravilla fui
y hoy sombra mía aun no soy.

A ninguna flor mayores
términos concede el Sol
que al sublime girasol,
Matusalén de las flores:
ojos aduladores
cuantas en él hojas vi.
Aprended, Flores, en mí,
lo que va de ayer a hoy,
que ayer maravilla fui,
y hoy sombra mía aun no soy.

Learn, Flowers, in Me

Luis de Góngora y Argote (1561-1627)
Translation

Learn, Flowers, in me,
what goes on to this day,
that yesterday a marvel I was,
and today even my shadow I am not.

The aurora yesterday was my bed,
the night, my coffin was;
I'd die without light if
the Moon wouldn't lend it to me;
then none of you
is free from dying like this,
learn, Flowers, in me
what goes on to this day,
that yesterday a marvel I was,
and today even my shadow I am not.

Sweet consolation the carnation
is to my own brevity,
for he who granted me one day,
only two gave to him;
ephemeras from the garden,
scarlet myself, crimson himself.
Learn, Flowers, in me
what goes on to this day,
that yesterday a marvel I was,
and today even my shadow I am not.

The jasmine is a flower, so beautiful,
not one that lives long
for it lasts a few more hours
than it has star rays;
if amber flourishes, it is her,
the flower that she retains.
Learn, Flowers, in me
what goes on to this day,
that yesterday a marvel I was,
and today even my shadow I am not.

Although the coarse wallflower
in fragrance and in color,
sees more days than other flowers,
for it sees those of a whole month of May,
I want to die a marvel,
and not a wallflower live.
Learn, Flowers, in me
what goes on to this day,
that yesterday a marvel I was,
and today even my shadow I am not.

To no other flower more
pardons grants the Sun
than to the sublime sunflower,
Methuselah of the flowers;
flattering eyes,
how many leaves I saw in him.
Learn, Flowers, in me,
what goes on to this day,
that yesterday a marvel I was,
and today even my shadow I am not.

Ilusión

Te enterré
bajo la nieve

pala en la
mano

pies sobre la
tierra mojada.

Encubrí
tus ojos y tu voz

sin caja de
madera

satín blanco
ni flores amarillas.

Ilusión:
ya no tenías

ni pies ni alas.
Tu sombra

se arrastraba
con los dedos.

White Satin Bed

I buried my illusion
under the last snow fall

short of wooden box
short of marigolds

I let her eyes
sink in white satin.

She had no feet
nor wings

her shadow clawed
at the ground.

Magic Window

A slice of the moon at sunrise, black
clouds on top of the shadowy sky,
the color of the sky, I don't remember,
it was probably amber—topaz, perhaps—
like my vitamin gels that expired last month.
This is how the moon must have felt, expired
and almost gone.

But the sun came out and the clouds
turned white. Two cats by my
window were having visions of spring:
oh, that we could chase a bunny or a bird!
The sun came out but the grass is dead, the sun
came out but it's cold to play. Our eyes must
be failing us, we just had a vision
that the trees had leaves.

Later I mop the kitchen floor,
the mop becomes a bunny and a dove.
Who needs a fairy wand? You can tell the world
to turn night and day. You can tell the world
to rain and snow. You can tell the
world to make a thunderstorm or lighting.
You can spin the world around.

Ventana Mágica

Una tajada de la luna al amanecer, nubes
negras sobre un cielo sombreado,
el color del cielo, lo he olvidado,
era probablemente ámbar—topacio, quizás—
como mis vitaminas que expiraron el mes pasado.
Así es como la luna se sentía, expirada
y casi acabada.

Pero el sol salió y las nubes se disiparon.
Mis gatos también observaron la escena:
¡oh, que pudiéramos perseguir a un conejo
o a una ardilla! El sol salió pero la grama está
muerta, el sol salió pero la mañana está fría.
Nuestros ojos nos engañan, tuvimos una visión
de que los árboles tenían hojas.

Más tarde trapeo el piso de la cocina,
el trapeador se convierte en conejo y ardilla.
¿Quién necesita una varita mágica? Tú le puedes
decir al mundo que sea de día o de noche,
tú le puedes decir al mundo que llueva o que caiga
nieve. Tú le puedes decir al mundo que truene
o relampaguee.
Tú puedes hacer que el mundo gire.

Lost in Border Town

Ignoring the
snow I go out
in the winter storm
only to get lost in Border Town.
At the gas station,
an East-European accent
gives me directions.
I'm looking for *Mayfield* road
but the signs are hidden from my view.
No, I don't want to go to the
basketball game.
I want to find *Mayfield*.
Struggling with poor vision,
I see *Lovefield* in the mist
of confusion.
Cars drive slowly,
fifteen on back roads and
twenty-five on the highway.
Trucks go faster.
I cannot find my way
in the dark.
I slip at the turn and lose control
but make it back on track.

Perdida en la Frontera

Ignorando la nieve salgo
en la tormenta solamente
para perderme en la frontera.
En la gasolinera un
acento de Europa oriental
me da indicaciones.
Estoy buscando la calle *Mayfield*
pero las señales están escondidas.
No, no quiero ir al juego
de basquetbol.
Quiero encontrar *Mayfield*.
Luchando con mi pobre visión,
veo *Lovefield* en medio de
la confusión.
Los carros caminan lentamente,
a quince en las calles
y a veinticinco en la autopista.
Los camiones van más rápido.
No puedo encontrar el
camino en la oscuridad.
Me resbalo en la vuelta
y pierdo el control—
pero me vuelvo
a encarrilar.

There was a Dandelion Growing

Where my dahlia should have been,
pretty and green, tender and fresh.
I surrounded it with a metal rail,
watered and talked to it every day
expecting its beauty be great.

Can beautiful things come
out of ugly ones?

Salió un diente de león

Salió un diente de león
en el lugar de mi azucena,
un verde y hermoso retoño de abril.
Lo cerqué con una barda de metal
soñando con su belleza monumental.
¿Puede lo bello nacer de lo feo?

Pray for this rose

Pray for this rose
a mother in pain

broken stem
nourishment, cut.

Pray for the little
ones

that were left
behind:

God, mend this
flower back

so that she
can breathe

God, mend this
flower back

so that she
can live.

Reza por esta flor

Si puedes
rezar por esta flor

una madre
con dolor

tallo quebrantado
alimento cortado.

Reza también
por sus hijos

los hijos
que quedaron:

remiéndala, Dios
para que respire

remiéndala, Dios
para que mire.

Música de Invierno

Quiero que te derritas, hielo,
pero que me dejes
la música de Vivaldi.
Mi abuela nació en un otoño
y en un otoño se marchó.

Negra es la mañana frente a mi
ventana, blanco es el hielo de la calle,
el hielo triste, el hielo de febrero.
Extraño a mi abuela
con su vestido avellanado.

Quiero que te derritas, hielo,
y mojes mi cabeza de recuerdos.
Ver a mi abuela parada
frente a su estufa de leña,
fundida la coraza que cubre
su pecho que arde.

Hija de otoño ¿has visto
como el viento arrastra
las hojas y trae los copos de nieve?
Los árboles
permanecen erguidos.
Las hojas secas levantan vuelo
con huesos de animales muertos.

La tierra no tiene miedo;
se pone su chalina de lana
y se sienta junto al fuego.
Los violines suenan
cuales gotas que caen.

Winter Music

I want the ice to melt, but leave me
the violins of winter.
She was a daughter of fall
and with the fall she departed.
Black is the morning through my window,
pale is the ice on the street, the sad ice,
February ice. I miss grandma wearing
almond brown.

I want the ice to melt
and wet my head with memories.
To see my grandmother standing
in front of her wood stove,
tough hands, warm soul,
no winter or snow.

Daughter of fall,
have you seen how the wind
blows the leaves away
and gathers the snowflakes?
Trees remain standing.

Withered leaves take flight
with the bones of dead animals.
Earth is not afraid,
she puts on her knitted shawl
and sits by the fireplace.

Strings play winter.

Dibuja la Tormenta

Dibuja la tormenta en tu esqueleto, el remolino en tu vientre,
escondidos por años, el viento que te despierta a mitad de la
noche y alborota tu mundo, tu orden, tu calma, la caja musical
que arrulla tus sueños. Hay ojos que conquistan el corazón y
ojos que lo vuelven de piedra.

Párate frente al horizonte. Baila, y si la música es triste, baila aún.
Vuela alto. Toca el nido del pájaro en la punta del pino.
Alcanza el cielo, la luna y Venus. ¿Cómo es Venus? ¿Cómo
es el cielo? ¿Qué es la vida? Podrías vivir la vida de otro, pero
no sería tu vida.

Eres feliz o desdichado. Puedes sonreír o llorar ante tus arrugas y
faenas. Siéntate frente al mar abierto y abre tus brazos a nuevas
galaxias. Escucha el silencio del sol. Espera la primavera y,
mientras llega, vive el invierno.

Eyes that Conquer Ice

It doesn't matter anymore. Let go of your words in front of the blank page: draw the storm inside your bones, the wind that wakes you up in the middle of the night, the tornado inside your belly—hidden for years—that messes up your order, your peace, the music box that puts you to sleep.

There are eyes that conquer ice and eyes that give you a heart of stone. Open yourself in front of the horizon. Dance, and if the music is sad, dance still. Fly, fly high. Touch the nest on top of the pine tree, as high as the sky, the moon and the stars.

What is Venus like? What is your life? Laugh at your wrinkles and pains, your prescription glasses and your broken fingernails. Open your arms to new galaxies. Listen to the silence of the sun. Wait for the spring but live the winter.

Snowflakes

Frozen theater
where
violas play
the chorus of the
wind and cellos
the solo
of the fog.

Strings drop
transparent blood,
music notes from
the master

falling on a clear
night, the crescendo
lingers for a while.

Snowflakes have
an ear.

Copos de Nieve

Teatro de hielo
donde las violas
tocan el coro
del viento y los chelos
el solo de la neblina.

Las cuerdas gotean
sangre transparente,
notas musicales
del maestro

cayendo en una noche
clara, el *crescendo*
se alarga.

Los copos de nieve
atienden.

Now that you're older

And your fingernails brittle,
you know it is okay to
look at your reflection in the
mirror. You know your hands
are beautiful because
you've seen them make
beautiful things: a sweater
for your mom, chicken soup
for lunch, a poem
about your teenage son.

How long is too long to
keep on writing?
Write until your mind gets
tired. Knit until your
fingers get sore, talk
until there are no words.
Talk in the way you know.
Speak on paper—this is how
your stories are born.

You were born on a quiet
night. Your mother wasn't
silent but the night remained
speechless and dark.
It was almost midnight.
You were causing your mom
a lot of pain, the pain a
woman feels when her kids
are born.

Loving is like the seasons
in a year. You are born and
destined to die, destined to
become the soil.
Do you have a soul? Why
do you refuse to give up?
Why do you
choose to love?

Ahora que estás vieja

Con las uñas quebradas,
sabes que es correcto
ver tu reflexión en el espejo.
Tus manos son hermosas porque
las has visto hacer estas cosas:
un sweater de lana,
sopa de pollo con crema,
un poema.

¿Cuánto es demasiado
tiempo para seguir escribiendo?
Escribe hasta que tu mente
se canse, teje hasta que
tus dedos te duelan,
habla hasta que no queden
palabras. Habla a tu
manera, habla
en el papel, así es como
nacen tus historias.

Naciste en una noche
silenciosa. Tu madre
madre gritaba pero la noche
permanecía muda y oscura.
Eran casi las doce.
Le estabas causando
mucho dolor,
el dolor de una mujer
al dar a luz.

Amar es como las
estaciones del año.
Naces y estás destinada
a morir, destinada a
convertirte en grava.
¿Tienes un alma? ¿por qué
te rehúsas a desistir?
¿por qué escoges
amar?

Volarás

Volarás cuando
caiga la última hoja
del árbol. Habitarás la tierra
cual gota de agua y granizo del campo.
¿Quién dijo que el viento frío
no era tu amigo?
Amarás al hielo tanto
como al sol.
Despertarás de tu sueño sin temor,
cansancio, sed ni dolor.
Cantarás la nota del gorrión;
bailarás al ritmo de los pájaros
en una nube gris. Por el agua
cristalizada te deslizarás
de la montaña—gritando—
tu voz cayendo en cazuela
de hojalata cual ruidosa cascada.

Cuando caiga la última hoja
te desprenderás de tu tronco,
pieza perfecta de mosaico.
Serás agua, serás
lodo. Serás fuego,
sangre y savia, arena y montaña.
Serás bullicio y silencio, risas y lágrimas.
Serás amiga y hermana,
hija y madre.
Amante y esposa, vieja y joven.
Monja.
Serás todo de nuevo.

You shall fly

You shall fly when
the last leaf falls from
the tree. You shall abide
like a drop of water and frost on the field.
Who said the cold wind
wasn't your friend?
You shall love the ice as much as
the sun.
You shall wake from sleep without fear,
fatigue, thirst or pain.
You shall sing the sparrow's song,
you shall dance to the rhythm of the birds
on a grey cloud. On ice
you shall slide
from the mountain—screaming—
your voice falling in a tin
basin like a waterfall.

When the last leaf falls
you shall detach from your trunk,
perfect mosaic piece.
You shall be water, you shall
be mud. You shall be fire,
noise and silence, laughter and tears.
You shall be friend and sister,
daughter and mother.
Lover and wife, old and young.
Nun.
You shall be everything once again.

An idea came to mind

What's not well put together
in nature? Spring comes after
winter, summer before
fall. Sand dabs are a small
well put together type of flounder.
I never heard of them before.
An idea is gone. I try to
think of something else.

"Tell me a story," my son asks
before bed, so I tell him about
his big brother winning the dance
contest by doing a cartwheel and
landing an inch away from
the disk jockey.

I am trying to live without
a plan for a day, as if I took part
of an impromptu poem or an
impromptu song.

Beethoven wasn't like
any other composer. I don't know
how many sonatas he wrote but
I cannot think of one that doesn't
give me the chills. Do you
think Beethoven improvised?

Una idea se me ocurrió

La primavera llega
después del invierno, el
verano antes del otoño. ¿Hay
algo que no esté bien puesto?
Sand dabs son unos peces
pequeños bien diseñados.
Nunca había oído de ellos.
Se me fue la idea. Trato
de que se me ocurra otra.

—Cuéntame una historia —me
pide mi hijo antes de irse a la
cama, así que le cuento de
cuando su hermano ganó
el concurso de baile por hacer
una pirueta y caer parado
a una pulgada del disk jockey.

Estoy tratando de vivir sin
un plan por un día, como
siendo parte de un poema o
de una canción improvisada.

Beethoven no era como
otros compositores; no sé
cuantas sonatas se inventó
pero no puedo pensar en una
que no me erice la piel. ¿Creen
que Beethoven improvisó?

Red Clover Song

I am beautiful when
I am me
my mind doesn't follow an
order or shape

when I think of something
to say, I am wordless

No bullet points
—I tend to change the
sequence of things. I
don't always listen to what you tell me to do
      I'm the odd one
unlike the pup who likes to be where
the crowd is, where the noise
keeps her
from falling asleep.

I am at ease in a
silent room.
      I am the cat behind
      the bush.

Canción del Trébol Rojo

Hermoso soy,
mi mente no sigue un
patrón

cuando pienso en algo
que decir, me quedo
sin habla.

No orden alfabético
—tiendo a cambiar la
secuencia—no
sigo el método.

    Soy diferente
del perrito juguetón
que habita
donde está la gente

soy feliz en un lugar
silencioso
    soy el gato
en el ático.

Brown You

Soft as vanilla-flavored-banana-bread,
bubbly as hot cocoa on a bonfire's date,
inviting as a little cottage on a winter's night,
the firewood in the living room and the crisp-apple-pie.

As the Bible cover in your mother's dream:
"Brown you must be," said she.
Dark, with a hue of yellow and a shade of red,
obscure that reflects the light of day.

Noble, audacious and brave,
like a boy's pair of eyes under a black disguise.
Richer and sweeter than cinnamon spice,
milk chocolate in a woman's mouth.

You thrive in November when the leaves are gone,
descend on the grass as needles and pinecones,
a straw-scarecrow on a red-brick-wall
adorning a garden before dusk.

Rusty gold, old picture frame,
you never sit down to rest,
you've lived many summers and falls,
sturdy as leather, flexible as khaki shorts.

Your veil is gloomy as well—
it prevails when the prime of existence fades,
withered leaves and mossy-tree-trunks,
you become the soil that nurtures the ground.

Soft as vanilla-flavored-banana-bread,
bubbly as hot cocoa on a bonfire's date,
inviting as a little cottage on a winter's night,
the firewood in the living room and the crisp-apple-pie.

Café tú

Suave helado de pecanas
espumoso chocolate de leche
acogedora cabaña en la enramada
fuego de leña en la sala y tarta de manzana.

Noble, valiente y audaz
como los ojos del niño detrás del disfraz
dulce como especia de canela
cocoa caliente en boca de dama.

Floreces en noviembre al compás de las hojas
desciendes en la grama con semillas de ciprés
un espantapájaros en paredes grana
adornando el atardecer y la mañana.

Oxidado marco de metal
nunca dejas de vagar
has vivido primaveras y otoños
flexible como tela, fuerte como cuero.

Tu velo también es penoso—
sobrevive cuando cesa la existencia
hojas muertas y troncos musgosos
te vuelves el barro que alimenta la tierra.

Suave helado de pecanas
espumoso chocolate de leche
acogedora cabaña en la enramada
fuego de leña en la sala y tarta de manzana.

English Study Guide

1. Read the poem *Song of Birds* (p.1). Does nature inspire you in any way? Talk about the beauty of the earth in a short poem of your own.

2. What season of the year do you think was taking place when the author wrote the poem *Glad Tangerine Sky*? (p.4)

3. *Mirlos* is the Spanish word for *blackbirds*. In the poem *Mirlos* (p. 7), why do you think the author didn't use the word "blackbirds"? How do you translate the phrase "birds in mourning dress" into Spanish?

4. What do you think poem *The Tree Never Walked Away* (p.8) is about?

      a. Trees
      b. Selling on eBay
      c. Children growing up
      d. None of the above

5. Read the poem *Torn Storybook* (p.10). Do you think the statement *remind me of your face* gives the reader information regarding the plot of the story? Why?

6. The poem *Journey* (p.12) uses figures of speech such us similes, metaphors and personification. Give us examples of two figures of speech used in the poem.

7. The log is an inanimate object personified in this poem, and so are the maple seeds. Why do you think the author named the poem *The Log* (p.14) instead of *The Maple Seeds*?

8. In the poem *Rebirth* (p.16), what do you think the lines *when the adult / in them woke up and the child left* mean?

9. In the poem *I am here* (p.19), the dwarf thistle has a conversation with its own thorn. What lesson does the thistle teach the thorn?

10. What is your favorite or least favorite character in the poem *A Predator's Growth* (p.20)? Why?

11. *When Spring is Gone* (p.22) is called a palindrome (a poem that reads the same backward as forward). Write a short palindrome about your favorite season or holiday in Spanish.

12. The *Ant's Sermon on the Mount* (p.24) talks about the earth having room for all. What is your view of this statement? Do you agree or disagree?

13. Think about a hypothetical writer for the poem *That wasn't me* (p.26). Talk about the writer's feelings when he or she wrote the poem.

14. In the poem *Sea of Clouds* (p.28), the author talks about a figurative cage. Tell us what the cage is according to you, and why. There is no right or wrong answer.

15. Tell us why you think the author named her book *Not Ready to Go* (p.30).

16. Do you agree that *Empty Houses* (p.32) is a poem about loss? Have you ever lost something or someone that you cared about a lot? Have you written about it?

17. Read the poem *Brown You* (p.68). Write about a color impersonating the color.

18. Tell us what you think the main theme of the poem *Learn, Flowers in Me* (p.40) is.

19. The poem *White Satin Bed* (p.43) might be about:

    a. A casket
    b. A shadow
    c. The death of a relationship
    d. Marigolds.

20. Read the poem *Magic Window* (p.44). Do you have any pets? What do they like to do to entertain themselves in the wintertime?

21. Could the poem *Lost in Border Town* (p.46) be about falling in love? If your answer is yes, do you think the writer wants to fall in love or doesn't? If you don't think the poem is about falling in love, what do you think the poem is about?

22. Read the poem *There Was a Dandelion Growing* (p.48) and answer the following question: can beautiful things come out of ugly ones?

23. What do you think the poem *Pray for this rose* (p.50) is about?

      a. An illness
      b. A flower
      c. A mother
      d. All of the above

24. In the poem *Winter Music* (p.53), the grandmother symbolizes:

      a. Winter
      b. The earth
      c. Baroque music
      d. Fall

25. In the poem *Eyes that Conquer Ice* (p.55), what do you think the lines *wait for / the spring but live the winter* mean?

26. In the poem *Snowflakes*, (p.56), what does the phrase *transparent blood* represent?

27. What do the poems *Not Ready to Go, Now that you are older* and *You Shall Fly* (pp.30, 58 and 63) have in common?

28. Read the poem *Red Clover Song* (p.66). Describe yourself in a few poetic lines.

29. Discuss the poem *An idea came to mind* (p.64). Write about your own random ideas.

Guía de Estudio en español

1. Lee e poema *Canción de Pájaros* (p.3). ¿Te inspira la naturaleza en alguna manera? Comparte tu respuesta escribiendo una composición.

2. ¿En qué estación del año crees que estaba la autora cuando escribió *Cielo Mandarina* (p.5)?

3. Lee el poema *Mirlos* (p.6). ¿Cómo se traduce la frase "pajarillos vestidos de luto" al inglés?

4. ¿De qué se trata el poema *El árbol nunca se marchó* (p.9)?

    a. Árboles
    b. Vender en eBay
    c. Cuando crecen los hijos
    d. Ninguna de las anteriores

5. ¿De qué se trata el poema *Historia Truncada* (p.11)? ¿Cuál es la posible trama de la historia o la historia detrás del poema?

6. El poema *Viaje* (p.13) usa símiles, metáforas y personificación. Danos dos ejemplos del uso del sentido figurado en el poema.

7. El tronco es un objeto inanimado, lo mismo que las semillas del árbol de arce. ¿Por qué crees que la autora nombró el poema *El Tronco* (p.15) en lugar de *Las Semillas de Arce*?

8. Lee el poema *Renacimiento* (p.17). ¿Qué crees que significa la afirmación *el adulto / en ellos se despertó y el niño se fue?*

9. En el poema *Ya llegué* (p.18), el cardo pequeño entabla una conversación con su propia espina. ¿Cuál es la lección que el cardo le enseña a la espina?

10. ¿Cuál es el tema del poema *El Crecimiento de un Depredador* (p.21)? ¿Quién es tu personaje favorito del poema y por qué?

11. Al poema *Cuando se va la primavera* (p.23) se le llama un palíndromo (un poema que se lee igual para atrás que para adelante). Escribe un palíndromo corto acerca de tu estación preferida o día festivo favorito.

12. El poema *El sermón de la hormiga* (p.25) habla de que la tierra tiene lugar para todos. ¿Cuál es tu opinión acerca de esta afirmación? ¿Estás de acuerdo o estás en desacuerdo?

13. Piensa en un escritor hipotético para el poema *Que no fui yo* (p.27). Dinos cómo crees que se sentía cuando escribió el poema.

14. En el poema *Mar de Nubes* (p.29), la escritora habla de una jaula figurativa. Dinos lo que la jaula representa para ti y por qué.

15. Dinos por qué la autora tituló su libro *El Abedul* (lee el poema en la página 31).

16. ¿Estás de acuerdo con que *Casas Vacías* (p.33) es un poema acerca de una pérdida? ¿Has perdido a alguien o algo valioso para ti? ¿Has escrito acerca de ello?

17. *Cargo dos plumas* (p.34) es un relato escrito en prosa poética, una combinación entre prosa y poesía. ¿Cuál es la diferencia entre prosa y poesía?

18. ¿Cuál es el tema principal del poema *Aprended, Flores en Mí* (p.38)?

19. Lee el poema *Café tú* (p.69). Escribe tu propio poema o composición acerca de un color personificando el color.

20. Lee el poema *Flor Latina* (p.36). Escribe un poema o composición acerca de tu nacionalidad.

21. ¿De qué crees que se trata el poema *Ilusión* (p.42)?

       a. De un ataúd
       b. De una sombra
       c. De la muerte de una relación
       d. De flores de muerto

22. Lee el poema *Salió un diente de león* (p.49). Contesta la siguiente pregunta: ¿puede lo bello nacer de lo feo?

23. ¿De qué se trata el poema *Reza por esta flor* (p.51)?

    a. De una enfermedad
    b. De una flor
    c. De una madre
    d. Todas son correctas

24. En el poema *Música de Invierno* (p.52), la abuela simboliza:

    a. El invierno
    b. La tierra
    c. La música barroca
    d. El otoño

25. Lee el poema *Dibuja la Tormenta* (p.54). Explica el significado de la siguiente frase: *espera la primavera y, / mientras llega, vive el invierno.*

26. En el poema *Copos de Nieve* (p.57), ¿qué representa la frase *sangre transparente*?

27. ¿Qué tienen en común los poemas *El Abedul, Ahora que estás vieja* y *Volarás*? Ver las páginas 31, 60 y 62.

28. Lee el poema *Canción del Trébol Rojo* (p.67). Escribe un pequeño verso acerca de lo que te caracteriza como persona.

29. ¿De qué crees que se trata el poema *Perdida en la Frontera* (p.47)?

30. ¿Tienes alguna mascota? Lee el poema *Ventana Mágica* (p.45) y luego cuéntanos qué hace tu mascota para entretenerse durante la época del invierno.

31. Lee el poema *Una idea se me ocurrió* (p.65). ¿Qué ideas se te ocurren en este momento? Escríbelas.

Amazon.com/author/two.of.you.storiesaboutlife

Author's Notes

Mirlos: Spanish name for blackbirds.

Abedul: Spanish name for birch tree.

Learn, Flowers in Me is my literal translation of the classic Spanish poem by Luis de Góngora y Argote.

Some translations of the poems in this book are literal, but most of them are variations of the original. The poem that appears first will be the original and the second, the translation.

In the poem *Rebirth,* the statement "I am a terrible believer / in things but I am also a / terrible nonbeliever in things" is a variation of a quote from the memoir *Wild, from lost to found on the Pacific Crest Trail*, by Cheryl Strayed.

I wrote *Magic Window* in collaboration with my youngest son.

The poems *Empty Houses, White Satin Bed, There was a Dandelion Growing, Winter Music, Eyes that Conquer Ice* and *Now that you're older,* appeared in my memoir *A Train Without a Track* © 2018.

Notas de la Autora

Learn, Flowers in Me es mi traducción literal al inglés del clásico poema *Aprended, Flores, en Mí* de Luis de Góngora y Argote.

Algunas de las traducciones de los poemas en este libro son literales, pero la mayoría son variaciones del original. El poema original aparecerá primero, el segundo será su traducción.

En el poema *Renacimiento,* la afirmación "Soy terrible para creer en cosas / pero también soy terrible / para no creer en cosas" es una variación de la cita del libro *Wild, from lost to found on the Pacific Crest Trail*, de la autora Cheryl Strayed.

El poema *Ventana Mágica* fue escrito con la colaboración de mi hijo de nueve años.

Los poemas *Casas Vacías, Ilusión, Salió un diente de león, Música de Invierno, Dibuja la Tormenta* y *Ahora que estás vieja,* aparecieron por primera vez en su versión en inglés en mi libro de memorias *A Train Without a Track* © 2018.

About the Author

A native of Guatemala, Luz Villeda has a Bachelor's Degree from Ambassador University, Texas. Her work has been featured in *Around Cincinnati* (WVXU public radio), Miami University, Oxford, and *La Jornada Latina* newspaper. She enjoys writing fiction, poetry and stories about life.

Other books by the author:

Two of You

A Train Without a Track, a Memoir

Amazon.com/author/two.of.you.storiesaboutlife
Facebook.com/two.of.you.storiesaboulife

Biografía

Nativa de Guatemala, Luz Villeda tiene una licenciatura de la Universidad Ambassador, Tejas. Su obra ha sido presentada en el programa de radio *Around Cincinnati* (WVXU), la Universidad Miami, Oxford, y el periódico *La Jornada Latina*. La autora escribe ficción, poesía e historias de la vida real.

Otros libros de Luz Villeda:

Two of You

A Train Without a Track: a Memoir

Amazon.com/author/two.of.you.storiesaboutlife
Facebook.com/two.of.you.storiesaboulife